乡土人本

U0864102

吾乡吾土·探索手册·

山中而居 上

四年级

田字格公益 编

孔學堂書局

图书在版编目（CIP）数据

山中百居．上 / 田字格公益编．-- 贵阳：孔学堂书局, 2025. 3. --（吾乡吾土 / 肖诗坚主编）.
ISBN 978-7-80770-607-6

Ⅰ．Q95-49

中国国家版本馆 CIP 数据核字第 20243UJ261 号

吾乡吾土·探索手册　肖诗坚　主编

山中百居（上）

SHANZHONG BAIJU（SHANG）

田字格公益　编

责任编辑：窦玥声　何青青
装帧设计：潘伊莎　马鸿阅
排版制作：潘伊莎
责任印制：张　莹　刘思好

出版发行：贵州日报当代融媒体集团
　　　　　孔学堂书局
地　　址：贵阳市乌当区大坡路26号
印　　刷：天津联城印刷有限公司
开　　本：889mm×1194mm　1/16
字　　数：33千字
印　　张：3.25
版　　次：2025年3月第1版
印　　次：2025年3月第1次印刷
书　　号：ISBN 978-7-80770-607-6
定　　价：18.00元

乡土开课辞

树高千丈，叶落归根；
惟以家乡，吾生有祥；
里仁为美，祖德流芳；
土育万物，乡承文化；
血脉相连，挚爱莫忘；
感恩乡土，厚福有望。

开卷语

亲爱的同学：

欢迎来到乡土课，让我们一起来探索家乡那些美好的人、事、物！

大山之中有很多动物，你是否有留意过它们丰富多样的居所？这些动物有的住在高高的树枝上，有的住在我们看不见的泥土下，还有的把“家”带在身边……

这些居所蕴藏着什么样的智慧？动物们在选址、用材以及构筑居所结构等方面都有什么特点？人类又如何汲取这些居所的经验和智慧呢？

本学期，让我们一起探索山中百居，发现山中动物居所的奥秘和智慧吧！

目录

开学第一课

走进乡土课

乡土开课辞

树高千丈，叶落归根；
惟以家乡，吾生有祥；
里仁为美，祖德流芳；
土育万物，乡承文化；
血脉相连，挚爱莫忘；
感恩乡土，厚福有望。

同学们，还记得课堂音量规则吗？

0 1 2 3

我的小组（·我和新组员·）

任务一：选组长

角色	职责	组长签名
组长	1. 主持讨论 2. 管理纪律 3. 认真参与，做好榜样 4. 积极助人	

任务二：定分工

角色	职责	成员签名
资料员	1. 管理资料和教具 2. 认真参与小组任务 3. 有序求助，积极助人	
纪律员	1. 协助组长管理小组纪律 2. 认真参与小组任务 3. 有序求助，积极助人	
记录员	1. 记录小组讨论的结果 2. 认真参与小组任务 3. 有序求助，积极助人	
检查员	1. 检查组员任务完成情况 2. 认真参与小组任务 3. 有序求助，积极助人	
安全员	1. 提醒组员注意活动安全 2. 认真参与小组任务 3. 有序求助，积极助人	

任务三：起组名

我们的组名

小组初亮相

（小组上台初亮相）

现在，让我们欢迎各个小组上台亮个相吧！

大家好！我们是……组。我是组长／组员……谢谢大家！

课堂约定

（课堂新约定）

请组长带领组员自主讨论以下 10 条课堂约定，并选出 4~5 条作为本学期的课堂新约定。

- ① 课前做好准备
- ② 课堂姿势端正
- ③ 上课认真听讲
- ④ 发言时要举手

- [ ] ⑤ 认真倾听他人发言
- [ ] ⑥ 按时完成作业
- [ ] ⑦ 积极帮助同学
- [ ] ⑧ 经常竖大拇指
- [ ] ⑨ 上课不迟到
- [ ] ⑩ 发言声音洪亮

课堂约定

①……………………………………

②……………………………………

③……………………………………

④……………………………………

⑤……………………………………

今日收获

我们一起来写一写今日收获吧！

……年……月……日　今日主题：……………

1. 本学期的主题是：……………

2. 关于这个主题，你有哪些好奇的问题？

①……………………………………

②……………………………………

③……………………………………

3. 我们全体投票确定的课堂约定有哪些？

……………………………………

……………………………………

1 山中居所大搜索

体验世界 （·走进山中寻居所·）

说一说，你从图片中看到了什么？

“居所”指的是居住的处所。

让我们一起去寻找大山中的各式居所吧！

这是谁的居所？	它的材料？	它的形状？	它的周围有什么？
小鸟住在树上的巢穴中	干草、树枝	椭圆、杯状	树枝、树叶

（续表）

这是谁的居所？	它的材料？	它的形状？	它的周围有什么？

分享园地 （·居所发现齐分享·）

同学们在大山中找到了哪些动物的居所呢？请在小组内分享你的观察发现吧！

大家好，我发现了……的居所，它的位置是在……

它是用……做的，它的样子是……它周围有……谢谢大家！

山中的动物居所种类多、分布广泛，不同居所的位置、材料、外观、结构、功能都不一样。

今日收获

我们一起来写一写今日收获吧！

……年……月……日　　今日主题：……

写一写令你印象深刻的山中居所吧！

2 喜鹊巢精心造

体验世界 （·喜鹊筑巢知多少·）

请同学们猜一猜，这是什么小动物？

一物生来好模样，长长尾巴短身材，
黑衣黑袍白肚皮，红红嘴巴圆眼睛，
枝头一站叫喳喳，专向人间报喜来。

喜鹊是全国各地常见的一种鸟，鸟的居所一般叫“巢”或“窝”。

观察以下图片，说说你发现了什么。

我对喜鹊巢感兴趣的问题有：

1. 喜鹊建巢需要多少时间？

2. ……

3. ……

4. ……

5. ……

喜鹊一般把居所建在比较高且粗壮的树杈上，使用大自然中最容易得到的树枝筑巢。它们还会在里面铺上干草、树叶和羽毛，让鸟巢温暖舒适。

喜鹊巢虽然表面粗糙，但很坚固，不漏风也不漏雨。由于喜鹊搭建的鸟巢充满智慧，喜鹊也被称作“鸟中的建筑大师”。

创作乐园 ——（·我学喜鹊筑鸟巢·）

现在，让我们以小组合作的方式，搭建一个喜鹊巢吧！

搭建材料	用途
树枝	
泥巴	
干草	

搭建步骤	完成请打勾✔
1. 制作巢底	
2. 用材料坚固巢底	

学习驿站 ——（·鸟巢智慧启示录·）

同学们，动物搭建的鸟巢蕴藏着诸多智慧，那你知道人类有哪些建筑借鉴了鸟巢的智慧吗？

中国国家体育场，是2008年北京奥运会的主体育场。体育场外形设计灵感来源于鸟类的巢穴，因此也被称为“鸟巢”。

这样的外观，寄托了人类对未来的希望，因为它像一个呵护生命的巢，又像是一个摇篮。

鸟巢在设计和建造过程中充分考虑了环保和节能的要求，体现了中国对环境保护的重视，同时也展示了中国在体育设施建设方面的先进技术和理念。

今日收获

我们一起来写一写今日收获吧！

........年........月........日　　今日主题：........................

喜鹊为什么被称为“鸟中的建筑大师”？

....

....

3 小蜂房结构巧

体验世界 （我观蜂巢有发现）

请同学们猜一猜，这是什么小动物？

团结劳动是模范，全家住在格子间，

常到花丛去工作，造出产品比糖甜。

观察图片，你发现了什么？

蜜蜂一般把居所建在树上，还有一些建在山洞里、房檐上。蜜蜂的居所叫蜂巢，蜂房是构成蜂巢的基本单元。

蜂房是六边形的小格子，可以用来储藏食物，还有养育幼虫，保护蜜蜂免受外界侵害等作用。

学习驿站 ——(·小·蜂房结构巧·)

让我们一起来阅读《蜂房的秘密》，用自己的话说一说你对“小蜂房结构巧”的理解。

蜂房的秘密

蜜蜂是一种非常勤劳和聪明的昆虫，它们可以为自己搭建一个巨大的蜂巢，用来存储食物、繁衍后代。

蜜蜂通常利用自己的口器和足部，将从花朵上采集的花粉和花蜜混合成一种叫做“蜂蜡”的物质，再把它塑造成六边形的小块，这些小块紧密地粘在一起，就形成了一个完整的巢房。

蜂房为什么是六边形呢？科学家们通过计算发现，六边形可以在节省材料的同时增加空间的容积。而且，六边形可以使蜂巢更加稳固，不容易变形破裂。

学习驿站 ——(·蜂房结构真奇妙·)

你认为蜂房是六边形的原因是什么呢？我们一起来做实验验证一下吧！

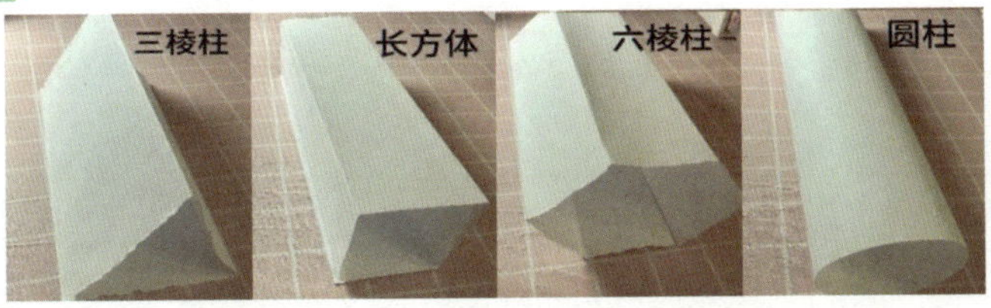

每个小组先将 A4 纸折成图示的 4 种柱体，并思考以下问题。

· 谁的承重能力强？				
形状	三棱柱	长方体	六棱柱	圆柱
承重数				

· 谁能紧密排列？				
形状	三棱柱	长方体	六棱柱	圆柱
能否紧密排列				

综合两轮小实验，……………（三角形 / 长方形 / 六边形 / 圆形）既能较好地承重，又能紧密排列。因此蜜蜂将蜂房筑成六边形，既能很好地承重，又能节约材料，增加空间。

学习驿站 ——（·蜂巢智慧启示录·）

人类在生产生活中借鉴了蜂巢的哪些智慧呢？

蜂巢中蕴藏的智慧带给人类很多启示。

……………………………………………………

……………………………………………………

……………………………………………………

【小提示】

蜜蜂有着一定的危险性，我们在日常生活中见到蜂巢时，需要做到远观、不触碰。如有危险，要第一时间求助老师和家长哦！

今日收获

我们一起来写一写今日收获吧！

……年……月……日　　今日主题：……

写一写你对“小蜂房结构巧”的理解吧！

……

……

……

……

……

……

4 蜘蛛网智慧多

体验世界 ——（·探秘蛛网小细丝·）

请同学们猜一猜，这是什么小动物？

吐出细银丝，织成天罗网；
摆下八卦阵，专捉飞来将。

观察以下图片，记录下你的观察发现，并提出你感兴趣的关于蜘蛛网的问题吧！

我的观察和发现：……………………………………………………

……………………………………………………………………………

我好奇的问题：……………………………………

……………………………………………………

……………………………………………………

学习驿站 ——（·蜘蛛网智慧多·）

阅读完《蜘蛛网的秘密》，说一说你对“蜘蛛网智慧多”的理解吧！

蜘蛛网的秘密

蜘蛛以精湛的织网技术著称于世。在织网时，蜘蛛首先会寻找一个合适的位置，将细丝从一个固定点拉到另一个点，构筑出支撑线——纵线。接着，它沿着纵线垂下几条直线，形成网的基本框架。此后，蜘蛛开始从中心以螺旋式方式向四周移动，同时释放粘性丝线——横线。横线不仅可以捕捉猎物，还具有弹性，可以承受冲击。

蜘蛛网表面的丝线上含有特殊的化学物质，这些物质能够抑制细菌和微生物的生长，从而保持网面的清洁。科学家研究称，蜘蛛丝组成的绳子十分结实，能够承受比同样粗细的钢筋还多五倍的重量。

创作乐园（·我学蜘蛛编蛛网·）

相信同学们对蜘蛛网已经有了进一步的认识，接下来，我们一起来学习蜘蛛编织蛛网吧！

小作者：彩虹小组

碧峰镇平安学校　一、二年级

指导教师：广玉芳

互相看一看，同学们编织的蜘蛛网是否美观？纵线和横线的分布是否比较均匀？

学习驿站（·蛛网智慧启示录·）

你知道人类在生产生活中有哪些设计和发明借鉴了蜘蛛网的智慧吗？

高强度材料：科学家们根据蛛丝的高弹性和高强度承压结构，开发出具有类似特性的高强度材料。美国亚利桑那州立大学的研究团队称这一结构未来可用于开发生产防弹背心等。

仿生建筑：蜘蛛网在建造过程中展现出极高的韧性和可扩展性，启发了人们对于建筑中复杂材料的设计。麻省理工学院的研究团队称，蛛网的韧性和可扩展性可以用于设计更耐用和更具弹性的纤维材料。

智能材料：科学家们模仿蜘蛛网的捕获、感知和清洁的功能，开发了具有这些特性的智能材料。首尔国立大学的研究团队模拟蛛网中的静电原理，实现了类似蜘蛛网的捕获、感知和清洁的功能。

今日收获

我们一起来写一写今日收获吧！

……………年…………月…………日　　今日主题：……………………

请同学们思考一下蜘蛛网有什么特点呢？

………………………………………………………………

………………………………………………………………

5 蜗牛壳作用大

体验世界 ——（·蜗牛壳特点浅探究·）

请同学们猜一猜，这是什么小动物？

名字叫做牛，不会拉犁头；
说它力气小，背着房子走。

观察蜗牛壳，记录你的观察发现，并提出你感兴趣的关于蜗牛壳的问题吧！

我的观察和发现：……………………………………………………

……………………………………………………………………………

……………………………………………………………………………

我好奇的问题：………………………………………………………

……………………………………………………………………………

……………………………………………………………………………

学习驿站 ·蜗牛壳特点浅探究·

阅读关于蜗牛壳的介绍，把它和对应的标题连起来吧！

保护作用	蜗牛壳为蜗牛提供保护，可以抵御捕食者的攻击和减少环境中的伤害。
保湿作用	壳内还可以存储一些水分和食物，帮助蜗牛在恶劣环境下生存。
结构和材料	蜗牛壳主要由碳酸钙组成，具有坚硬和耐用的特性。
修复能力	壳内的环境帮助蜗牛保持体内湿润，防止脱水，尤其是在干燥的环境中。
储存作用	蜗牛壳破损后，蜗牛可以通过分泌碳酸钙和蛋白质来修复壳体，但修复的能力有限，修复的多少取决于破损程度的轻重。

学习驿站 ——（·蜗牛壳特点浅探究·）

通过学习，我们知道了蜗牛壳有许多功能和作用。现在，请同学们用自己的话说一说“蜗牛壳作用大”的含义吧！

蜗牛的壳呈螺旋形，可以让壳更加的坚硬。蜗牛壳不仅能保护蜗牛的身体，还能保持蜗牛身体湿润以及抵御寒冷和风雨。对于蜗牛来说，蜗牛壳非常重要。

创作乐园 ——（·设计创意蜗牛居·）

让我们发挥想象，为蜗牛设计一个创意居所吧！

小作者：骆熙橙

田字格兴隆实验小学　二年级

指导教师：叶飞

小作者：吴梦熙

小雅镇工农小学　二年级

指导教师：任薪

学习驿站 ——（·蜗牛壳智慧启示录·）

同学们，请思考：在日常生活中，有哪些物品或者建筑的设计借鉴了蜗牛壳的智慧呢？

今日收获

我们一起来写一写今日收获吧！

……年……月……日　今日主题：……

同学们想一想，蜗牛壳有哪些作用呢？

……

……

……

……

6 蚂蚁穴奥秘深

体验世界 (·蚁穴奥秘浅探究·)

请同学们猜一猜，这是什么小动物？

身小力不小，团结又勤劳，有时搬粮食，有时挖地道；

排队地上跑，身体细又小，做事最勤劳，纪律第一好。

观察蚁穴，记录你感兴趣的关于蚁穴的问题吧！

1. ......

2. ......

3. ......

4. ......

5. ......

6. ......

7. ......

8. ......

学习驿站 ——（·蚁穴奥秘浅探究·）

蚁穴的特点

1. 结构

蚁穴由一系列相互连接的隧道和房间组成。

2. 范围和深度

蚁穴在地下的规模可能非常庞大，某些种类的蚁穴可以覆盖数百平方米，甚至更广。

3. 房间功能

育儿室：用于抚育幼蚁。

食物储藏室：储存食物。

垃圾处理区：处理蚁群产生的废物。

蚁后专用室：通常位于蚁穴的中心或较深的位置，为蚁后提供安全且适宜的繁殖环境。

4. 温度控制

蚁穴设计有助于调节内部温度，保持冬暖夏凉。

5. 通风系统

蚁穴拥有一套高效的通风系统，以确保空气流通。这些特殊的通道与地表相连，能够交换内外空气。

6. 防御机制

蚁穴的入口和隧道设计具有防御功能，设计有狭窄的通道和迷宫般的路径，可以抵御捕食者的侵袭。

创作乐园 ——（·蚁穴模型共创作·）

请同学们以小组合作的方式，共同制作蚁穴模型吧！

小作者：罗玉尧

小雅镇黄渡完全小学　四年级

指导教师：刘群

学习驿站 ——（·蚁穴智慧启示录·）

你知道人类历史上有哪些类似蚁穴的工程吗？

卡帕多奇亚是土耳其一个非常特别的地方，那里有很多建筑像童话故事里的地下城一样。很久很久以前，人们为了躲避危险（比如敌人的攻击），挖了很多很深的洞，洞里面有很多房间和通道。这些房间有的用来休息，有的用来储存食物，还有的用来做其他的事情。它就像一个巨大的迷宫，非常神秘和有趣。

今日收获

我们一起来写一写今日收获吧！

……年……月……日　　今日主题：……

同学们想一想，人类借鉴了蚂蚁巢穴的哪些智慧呢？能否举几个例子详细说一说？

……

……

……

……

……

……

7 山居智慧小记

创作乐园

(·创作单元思维导图·)

我们来绘制思维导图，回顾本单元学习的内容吧！

创作乐园 ——（·山居智慧小记·）

我们认识了很多小动物的居所，它们的居所蕴藏着丰富的智慧。请你结合本单元所学写一写山居蕴藏的智慧吧！同学们可以从山居的种类、选址、外观、材料、结构、功能等方面入手哦！

山居智慧小记

我的单元成长档案

小 组 互 评

我的名字：　　　　　　　　　我的分工：

序号	评价维度	评价人				
1	轮流发言					
2	紧扣主题					
3	做好记录					
4	分工明确					

完全做到：○　部分做到：△　没有做到：？

小组合作时，小组成员有哪些好的合作行为：

……

小组成员的哪些行为，可以做得更好：

……

自我评价

（完美做到：5 分；做得不错：4 分；基本做到：3 分；还没做到：1~2 分）

评价维度	达标要求	分值	评价
审美情趣	我能发挥想象力，创作一幅创意蜗牛居	1~5	
自信分享	我能声音洪亮、有感染力地主动做分享	1~5	
	我能准确、清晰、流畅地分享内容，且分享包括细节	1~5	
勇于探究	我能提出和动物居所有关的自己感兴趣的问题	1~5	
	我能通过阅读、实验等方式得出结论	1~5	
实践创新	我能发挥创意，用合适的材料搭建动物居所	1~5	
乐学善学	我能积极参与各种课堂活动	1~5	
	我能按要求绘制单元思维导图，梳理课程内容	1~5	
	我能完成“我的单元成长档案”，并进行自我反思	1~5	
沟通合作	在小组讨论中，我能遵守合作学习约定	1~5	

（续表）

自我评价

（完美做到：5 分；做得不错：4 分；基本做到：3 分；还没做到：1~2 分）

评价维度	达标要求	分值	评价
沟通合作	我能完成小组分工	1~5	
	在遇到困难时，我能做到有序求助并积极帮助他人	1~5	

我的总体表现 ....（总计得分）

非常棒！：48~60分

还不错！：37~47分

努力加油！：25~36分

要加油了！：00~24分

教师评价

素养目标	审美情趣	自信分享	勇于探究	实践创新	乐学善学	沟通合作	总体表现
非常出色							
再接再厉							
努力加油							
还需改进							

教师评语：

8 手绘山居全景画

创作乐园 （·我绘各式山居·）

同学们，让我们一起来创作一幅山居全景画吧！

分享园地 （·山居全景画欣赏会·）

我们一起来欣赏大家的作品吧！

试着用这些词语表达你的想法和感受吧！记得及时给别人的作品点赞哦！

1. 创意：视角独特，想象力丰富，富有创意，奇妙，充满奇思妙想。

2. 内容：有趣，丰富，细致，形象生动，契合主题，故事性强。

3. 色彩：鲜艳，明亮，柔和，协调，对比强烈。

4. 构图：布局合理，新颖，富有层次。

5. 其他：线条清晰流畅，笔触细腻，画面温馨 / 充满活力。

今日收获

我们一起来写一写今日收获吧！

……年……月……日　　今日主题：……

我们可以从哪些角度欣赏他人的作品并点赞呢？

……

……

9 守护动物共安居

学习驿站 ·动物安居共讨论·

动物安居与何关

影响动物与其居所数量的因素有很多。

首先，动物需要充足的食物来维持生存和繁殖，食物丰富的地区才能吸引动物到这里定居。

其次，就像人一样，动物也有喜欢的地理环境。例如白鹭喜欢生活在水塘湖泊、河流岸边、水稻田等水多的地区，不符合这些要求的地方就不适合白鹭生存。

气候对动物和动物居所丰富程度也有重要影响。比如每当秋冬季节，大雁就从西伯利亚一带，成群结队、浩浩荡荡地飞到我国的南方过冬。第二年春天，它们经过长途旅行，又回到西伯利亚产蛋繁殖。

而人类开发和破坏自然环境的行为可能会导致动物和动物居所数量减少，例如过量砍伐树木会直接影响在树上安家的动物。

动物是地球不可或缺的一部分，保护它们就是保护我们自己的家园。

动物与其居所数量和哪些因素有关呢？我们为什么要保护动物与它们的居所呢？请各小组讨论一下吧！

我们小组的结论是：……………………………………………………

……………………………………………………………………

……………………………………………………………………

……………………………………………………………………

地理位置、气候条件、食物资源和人类活动都对动物和动物居所数量有影响。

保护动物及其居所，是保护生物多样性，维持生态平衡和自然和谐的重要途径。

学习驿站 ——（·动物安居我行动·）

贵州已查明有脊椎动物 1085 种，野生动物物种数量居全国第三位，单位面积物种密度也居全国第三。

贵州已知无脊椎动物达 1.04 万余种，特别是蝶类，种类丰富且分布较为集中。

——《贵州日报》（2022 年 6 月 17 日 15 版）

为了保护动物物种的丰富性，贵州建立了种类丰富、类型多样、特色突出的自然保护地体系。2020—2024 年，贵州省历经多轮整合优化，编制完成了《贵州省自然保护地整合优化方案》。整合优化后，全省自然保护地共计 237 处，总面积 117 万公顷，约占国土面积的 10%。

贵州省涉及中国生物多样性保护优先区域的有武陵山生物多样性保护优先区域、桂西黔南石灰岩生物多样性保护优先区域、南岭生物多样性保护优先区域，这些区域与贵州省重要保护物种分布现状基本吻合。此外，乌蒙山、大娄山、月亮山等重要生态区域均建有各类保护地。

——《贵州省自然保护地高质量发展任务体系初步研究》

作为小学生，我们能采取什么行动来保护动物和它们的栖息地呢？

我们可以这样做：

· 节约水电，减少浪费；
· 垃圾分类；
· 参与植树；
· 不干扰野生动物；
· 参加环保节日活动；
· ……………………………………
· ……………………………………
· ……………………………………
· ……………………………………

创作乐园

（·创作学期思维导图·）

我们来绘制学期思维导图，回顾本学期学习的内容吧！

我的学期成长档案

小 组 互 评

我的名字：　　　　　　　　　　我的分工：

序号	评价维度	评价人				
1	轮流发言					
2	专注倾听					
3	分工明确					
4	及时点赞					
5	做好记录					
6	达成共识					
7	多方求助					
8	积极助人					

完全做到：○　　部分做到：△　　没有做到：?

小组合作时，小组成员有哪些好的合作行为：

小组成员的哪些行为，可以做得更好：

自我评价

（完美做到：5 分；做得不错：4 分；基本做到：3 分；还没做到：1~2 分）

评价维度	达标要求	分值	评价
审美情趣	我能从色彩搭配、内容丰富程度等方面欣赏他人的作品	1~5	
	我能创作与动物居所有关的画作	1~5	
自信分享	我能声音洪亮、有感染力地主动做分享	1~5	
	我能准确、清晰、流畅地分享内容，且分享包括细节	1~5	
乡土认同	我能说出动物居所的特点和智慧	1~5	
实践创新	我能小组合作，利用材料按照设计搭建出动物居所模型	1~5	
社会责任	我知道动物居所的智慧，有爱护动物居所的积极意愿	1~5	
勇于探究	我能提出和动物居所有关的自己感兴趣的问题	1~5	
	我能通过阅读、实验等方式得出结论	1~5	
乐学善学	我能积极参与各种课堂活动	1~5	

（续表）

自 我 评 价

（完美做到：5 分；做得不错：4 分；基本做到：3 分；还没做到：1~2 分）

评价维度	达标要求	分值	评价
乐学善学	我能按要求绘制思维导图，梳理课程内容	1~5	
	我能完成“我的成长档案”，并进行自我反思	1~5	
沟通合作	在小组讨论中，我能遵守合作学习约定	1~5	
	我能完成小组分工	1~5	
	在遇到困难时，我能做到有序求助并积极帮助他人	1~5	
我的总体表现 ....（总计得分）			

非 常 棒！：60~75分

还 不 错！：46~59分

努力加油！：31~45分

要加油了！：00~30分

教 师 评 价

素养目标	审美情趣	自信分享	乡土认同	社会责任	勇于探究	实践创新	乐学善学	沟通合作	总体表现
非常出色									
再接再厉									
努力加油									
还需改进									

教师评语：